作りたくなる、贈りたくなる

幸せショコラレシピ

横井満里代

はじめに

日本でもチョコレートの専門店が増えて、ショーケースに小さな粒が凛々《りり》しく並ぶ光景もそれほど珍しいものではなくなりました。でも、一般の人向けのお菓子教室はもちろん、プロを目指す製菓学校でも、チョコレートを取り上げる機会はあまり多くありません。それでも、チョコレートの作り手に対しては、「ショコラティエ」という専門の呼び名があり、チョコレートはほかのお菓子に比べて特別な存在のように感じます。

確かに、チョコレート作りは温度調整が面倒で手間がかかるもの。でも、ポイントを押さえて取り組めば、おいしいものが作れるのです。少し道具を使えばお店に並んでいるものと大差のない形になります。

「自分でもこんなにおいしく、こんなに素敵に作れるなんて！」

この喜びを皆様にもぜひ感じていただきたいと願いをこめて、私のレシピを初めてご紹介します。チョコレートのレシピは初心者向けから、チョコレート菓子はお

菓子作りに慣れている人向けの内容にしました。
小さなひと粒でも、食べる人に幸せを運び、その人の笑顔が、作った人にも幸せを運ぶチョコレートの世界へ、ようこそ。

作りたくなる、贈りたくなる　幸せショコラレシピ

目次

II

チョコレートがつなぐ心と心

III

チョコレートものがたり

チョコレートを味わうチョコレート

チョコレートがカカオ豆からできているのは、多くの方がご存じでしょう。正確には、カカオ豆を焙煎してすりつぶしたカカオマスが主成分です。カカオマスは、カカオバターという脂肪分とカカオセックという固形分からできています。

チョコレート作りには製菓用のクーベルチュールチョコレートと呼ばれるものを使いますが、これは総カカオ分が三五％以上含まれ、そのうちカカオバターは全量の三一％以上などと、成分が国際規格で厳しく定められています。チョコレートは、もとのカカオマスに含まれる脂肪分だけではなめらかに仕上がらないため、別のカカオマスから搾り取ったカカオバターを追加します。ちなみに、カカオバターを搾り取った残りがココアパウダーとなります。いずれにしろ、クーベルチュールはカカオ本来の味わい、独特の口どけをいかすチョコレート作りのために欠かせないものです。

クーベルチュールチョコレートを三つの種類に分けました。メーカーによって名称が異なり、使用するカカオ豆によって味も異なりますが、カカオマスと合わせてご紹介します。写真は板状のものですが、最近では削る必要のない粒状になっているクーベルチュールチョコレートも多く、人気となっています。

カカオマス……カカオ一〇〇％で、それ以外の成分は加えていません。チョコレートの風味が強く、苦いのが特徴。

クーベルチュール　スイートチョコレート……カカオマスにカカオバター、砂糖などを加えたもの。カカオ分が高く、糖分は低め。私はカカオ分五六％のものをよく使用します。

クーベルチュール　ミルクチョコレート……カカオマスにカカオバター、砂糖、乳成分を加えたもの。色が薄く、まろやかでこってりとした甘みのある味わい。

クーベルチュール　ホワイトチョコレート……カカオバターに砂糖、乳成分を加えたもの。カカオの固形分が入っていないため、色は白く、チョコレートの風味がなく強い甘みを感じます。

◆

写真上から、カカオマス、クーベルチュールのスイートチョコレート、ミルクチョコレート、ホワイトチョコレート

おいしいチョコレートを作る さまざまな材料

チョコレート作りには、クーベルチュールチョコレート以外にもさまざまな材料を使います。主なものをご紹介しましょう。

ココアパウダー……カカオマスからカカオバターを搾ったあと、細かく砕いてパウダー状にしたもの。トリュフや生チョコの仕上げに外側にまぶします。飲料用向けに作られたココアではなく、糖分が入っていないものを使います。

粉砂糖……ココアパウダーと同じくチョコレートの外側にまぶします。溶けないタイプのものをおすすめします。

バター……風味をよくするために加えます。お菓子作りには無塩バターを。

生クリーム……チョコレートと合わせてガナッシュ（14ページで用語説明）作りに使います。チョコレート作りには脂肪分三五〜三六％のものがおすすめ。

水あめ……チョコレートの乳化を助けて、長期間口どけのよい軟らかい状態を保ちます。

インスタントコーヒー……コーヒー味のセンター（14ページで用語説明）を作るときに加えます。

リキュール類……風味をアップする隠し味のお酒。チョコレートのフレーバーに合わせたものを加えます。

ナッツ・ドライフルーツ類……食感もプラスアルファの味わいも、そして見た目もアップ。ほとんどの種類がチョコレートと相性がよいので、試してみてください。◆

チョコレートを上手に作るための道具

ツヤのあるおいしいチョコレートを作るには、クーベルチュールチョコレートを〝テンパリング〟するという作業が必要です。チョコレートを刻んで湯せんにかけて溶かし、温度調整をしながら固めます。テンパリングにはいくつかの方法がありますが、ご紹介するのは家庭向けの方法です。ここではそうしたチョコレート作りに欠かせない道具をご紹介します。

鍋とボール……テンパリングの作業をしやすくするためには最低でも、三〇〇～五〇〇gのチョコレートが必要になります。その量の刻んだチョコレートが余裕で入るように、直径二六cmぐらいで深型のステンレス製ボールを用意します。お鍋は、このボールを湯せんにかけるために使いますが、チョコレートは水分が厳禁。ボールとお鍋のすき間から湯気が入らないように、ボールと同じ大きさか、ボールの直径よりもひとまわり小さいくらいのお鍋がよいでしょう。

ゴムべら……チョコレートを混ぜるときに使います。

パレットナイフ……余分なチョコレートをこそげ落としたり、表面を平らにするときに便利です。

温度計……テンパリングは正確な温度を知ることが大事。デジタル温度計は急に数値が変化するので、ゆっくり上下する様子がわかるアナログ式の棒状温度計で、五〇℃から一〇〇℃まで測れるものがおすすめです。

はかり……チョコレート作りも材料を正確に量ることが大切。一g刻みで量ることができるデジタル式が便利です。

角型……四角いボンボンショコラを作るときに、ガナッシュを流して固める型。私は、ちょうどよいサイズなので玉子豆腐用の型を使っています。

絞り袋……トリュフを作るとき、絞り袋でセンターを絞り出します。

厚手のビニールシート……角型やバットに敷いてチョコレートを入れたり、作業台に敷きます。チョコレートがくっつかず仕上がりもきれいに。厚手のシートがない場合は、厚手の保存袋を開いて使っても。

チョコレートフォーク……センターをテンパリングしたチョコレートに浸しますが、引き上げるときに使います。なければ、普通のフォークで代用できます。

チョコレート作りの要は“テンパリング”

チョコレートのツヤとなめらかな口当たりは、カカオバターが均一に固まっていることによって生まれるもの。そのために、チョコレートを溶かして、一度冷やしてから再び温度を上げるテンパリングという作業が必要となります。「面倒だな」「難しそう」と感じる方がいるかもしれませんが、それほど複雑なものではありません。失敗してもやり直せます。おいしいチョコレート作りは、ここからがスタートです。◆

空気を入れないように気をつけて。

周りだけが固まらないよう、つねにゴムべらでゆっくりかき混ぜる。

ナイフの先に少し取って、5分ほどで固まったら成功。

※チョコレートの種類やメーカーによって、温度の設定は微妙に違うので、使用する商品の説明を確認してください。
※テンパリングしたチョコレートが、他の作業中に冷えて固まってしまったら、湯せんにかけて使いやすい状態まで溶かします（35℃以上にならないように）。
※テンパリングしたチョコレートが余ったら、ビニールシートを敷いたバットに移して固めて、密閉できる袋に入れて保存します。次に使うときは、同じようにテンパリングします。

1 クーベルチュールスイートチョコレート500gを細かく刻んで、ボールに入れる。

2 鍋でお湯を沸かし、❶のボールを載せる。湯の理想温度は 60～70℃。

3 チョコレートの温度を測りながら、ゴムべらで静かにかき混ぜる。

4 温度を50～55℃まで上げてチョコレートを完全に溶かす。途中で溶けなくなったら、ボールをはずして鍋を火にかけて温めなおす。

5 チョコレートが完全に溶けたら鍋からはずし、今度は2、3個氷を入れた水にボールをつけて冷やす。

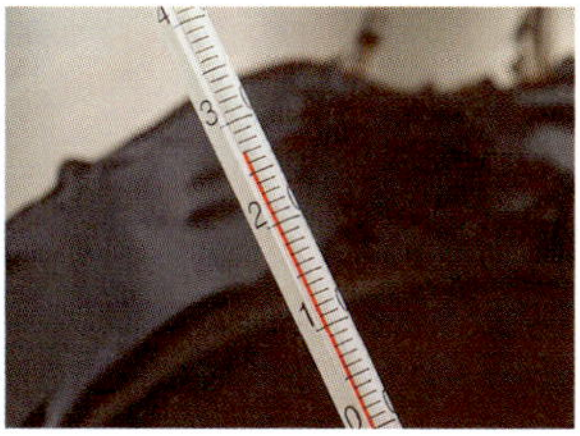

6 スイートチョコレートは27～ 28℃まで下がったら固まり始めるので、再び湯せんにかけ、31～33℃ぐらいまで温める。このぐらいがチョコレートのもっとも扱いやすい温度。

※その他のクーベルチュールチョコレートのテンパリングの温度

●ミルクチョコレート＝溶かす温度は 43℃、下げる温度は 26～ 27℃、再び上げる温度は 29～ 30℃

●ホワイトチョコレート＝溶かす温度は 40℃、下げる温度は 24～ 25℃、再び上げる温度は 27～ 28℃

チョコレートの用語あれこれ

ここではチョコレートにまつわる基本用語で、ほかのページに説明がないものをご紹介します。

ボンボンショコラ……ひと口サイズのチョコレートの総称。ショーケースの中に並ぶ美しいひと粒ひと粒のチョコレートです。フランスでは「ボンボン・オ・ショコラ」とも呼ばれます。ベルギーでは「プラリーヌ」「プラリネ」と呼ばれています。

センター……ボンボンショコラの中身のこと。

ガナッシュ……チョコレートに生クリームを加えた状態。リキュールやフルーツピューレ、バターなどで風味を加えていきます。

生チョコレート……ガナッシュを固めてココアなどをまぶしたもの。軟らかくとろけるような食感ですが、賞味期限は短くなります。

ショコラティエ……チョコレートを手作りする職人のこと。チョコレート専門店を指すことも。

パティシエ……洋菓子職人のこと。日本でショコラティエが増えたのはごく最近のことで、チョコレートもパティシエが作ることが多いです。

ショコラトリー……手作りのチョコレート専門店のこと。日本ではまだまだ少ないのですが、ヨーロッパにはたくさんあります。◆

チョコレートをおいしく保存するには

贈り物に高級チョコレートをいただくと、冷蔵庫に入れる方が多いのではないでしょうか。でも、チョコレートは温度と湿度に敏感で、もっとも適した環境は一八〜二〇℃、湿度は約五五％前後といわれています。加えて、チョコレートはにおいも移りやすく、冷蔵庫での保存はおすすめできません。

チョコレートは、直射日光が当たらない涼しい場所で常温保存するのがベスト。ただし夏は常温では軟らかくなってしまうので、エアキャップでくるんで冷蔵庫の野菜室へ。冬は暖房を避けた場所に置いておきましょう。温度が急激に変化すると、チョコレートが汗をかいてしまいます。見た目の美しさとおいしさが損なわれるので気をつけましょう。

実はワインセラーが、チョコレートの最適な保存環境に近い状態なのだとか。ご自宅にあれば、しっかり密閉した状態でワインボトルのお隣にちょっと置かせてもらうのもよいかもしれません。

ところで、作るときも室温が高いとチョコレートが固まりにくいので、ご家庭でチョコレートを作るのは秋から翌年のゴールデンウィークあたりまでが理想。夏はオフシーズンと心得ておいてください。

I

大人のための至福のひと粒

作って実感！
手作りチョコレートが一番おいしい

ボンボンショコラの魅力は、組み合わせが無限であるということ。センターをどうするか、どのチョコレートと組み合わせるか、どういった風味や材料を加えるか……。さまざまな工夫によって、自分好みの味を作り出せるのです。しかも、同じ材料を使っていても形によって微妙に味わいの違いがあり、その奥深さは作りがいと楽しさを実感できるところでもあります。

手作りはたしかに手間はかかるかもしれません。でも、品質のよい材料を使って、正しい温度に調整して作業をすれば、けっして難しくはないのです。街のショコラトリーに並んでいるチョコレートと同じようなものができ上がったとき、自分でも作れるのだと大きな喜びを感じることでしょう。

そして、でき上がったひと粒を口に含んだときの幸福感は、何にも代えがたいもの。ですからやはり、手作りのチョコレートが一番おいしいと思うのです。

ヴァニラトリュフ

中はフンワリまろやか、甘くバニラが漂って

〈材料〉

20～25個分
生クリーム………100g
水あめ………20g
バニラビーンズ………1／2本
スイートチョコレート………200g
バター………20g
テンパリング済みスイートチョコレート………適量
ココアパウダー………適量

トリュフとは……

トリュフといえば、フランス料理などで使われる高級食材のきのこ。ご覧のとおり、その形に似せて作ったのがチョコレートのトリュフです。ガナッシュをクルクルと丸めて形を作るだけなので、道具は必要ありません。周りにココアパウダーをまぶすのは、土から掘り出したばかりという演出の意味があるそうです。

〈プラスポイント〉

- テンパリングしたチョコレートで2度ていねいにコーティングすることで、日持ちがよくなります。
- ❼でテンパリングしたチョコレートに浸すときは、まとめて入れるとチョコレートの温度が下がって固まってしまうので、必ずひと粒ずつ入れます。
- 時間があれば、❺で形を整えたあとさらに、ひと晩寝かせましょう。
- 急いでいる場合は❹を省き、氷2～3個を入れたボールに❸をのせて22℃まで下げてから絞り袋に入れて絞ってください。

ゴムべらでさっと混ぜる。チョコレートに熱が伝わって乳化が始まったら、中央から外側へと

ゴムべらで静かに混ぜる。チョコレートが溶けきらない場合は、湯せんにかける。

空気が入らないようにラップをぴったり張りつけ、ひと晩おいてゆっくり結晶させる。

5 ❹を絞り袋に入れ、ビニールシートの上に適量を絞り出し、固まってきたら、と

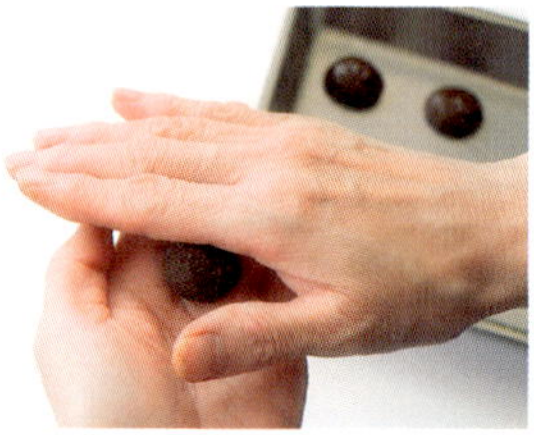

がった部分などを軽く指で押さえ、形を整えてから手で丸める。

8 バットにココアパウダーを入れ、❼をそっと置く。固まり始めたら転がして全体にココアをまぶす。ココアのほかに、溶けない粉砂糖をまぶしても。

〈準備〉

- スイートチョコレートは細かく刻んでおく。
- バターは室温に戻しておく。

〈作り方〉

1 バニラビーンズは包丁でさやを開いて、中から種をしごき出しておく。

鍋に生クリーム、水あめ、バニラビーンズの種とさやを入れて沸騰させる。

2 スイートチョコレートを入れたボールに、バニラビーンズのさやを取り除いた❶を注ぎ、

3 バターをかたまりのまま加えて、溶けるまで混ぜる。

4 バットに移す。

6 テンパリングしたスイートチョコレートをゴムべらで少量手のひらにとって、❺を転がして全体を軽くコーティングする。

7 テンパリングしたスイートチョコレートに1個ずつ落とし、チョコレート用フォークで引き上げる。

ふじりんごトリュフ

ホワイトチョコレートとドライフルーツのやさしい出合い

◆◆◆

〈材料〉

20～25個

生クリーム………75g

水あめ………15g

ホワイトチョコレート………150g

市販のドライりんご………適量

りんごのリキュール
（カルバドス）………大さじ1

水………大さじ1

テンパリング済み
ホワイトチョコレート………適量

〈準備〉

- ホワイトチョコレートは細かく刻んでおく。
- ドライりんごは1～1.5cm角にカットし、20～25個用意する。リキュールと水を加えて鍋で煮て、冷ましておく。

5

9

〈作り方〉

❶ 鍋に生クリームと水あめを入れて、沸騰させる。

❷ ホワイトチョコレートを入れたボールに❶を注ぎ、ゴムべらでさっと混ぜる。チョコレートの乳化が始まったら、中央から外側へと静かに混ぜる。

❸ バットに移し、空気が入らないようにラップをぴったり張りつけ、ひと晩おいてゆっくり結晶させる。

❹ ❸を絞り袋に入れて、ビニールシートの上に半量を20～25等分に絞り出す。

❺ その上にドライりんごをのせ、さらに上に❹の残りのガナッシュを絞り出す。

❻ 指で形を整えてから手のひらで丸める。

❼ テンパリングしたホワイトチョコレート少量を手にとって、❻を転がす。

❽ テンパリングしたホワイトチョコレートに1個ずつ浸し、フォークで引き上げる。

❾ しっかり固まったら、フォークの先にテンパリングしたホワイトチョコレートをつけ、上から垂らして模様をつける。

〈プラスポイント〉

- シャキッとジューシーなふじりんごのドライを使いました。いちじく、いちごなどいろいろなドライフルーツでアレンジしてみてください。
- リキュールは入れなくてもよいですが、フルーツに合わせたものを加えると、風味がさらにアップします。

ナッツトリュフ

チョコレート+ナッツの香ばしい食感が最強！

◆◆◆

〈材料〉

20個

スイートチョコレート………20g

プラリネペースト………10g

アーモンド………15g

ヘーゼルナッツ………15g

フィヤンティーヌ（クレープ状のものを砕いた薄いかけら）………20g

生クリーム………100g

スイートチョコレート………100g

テンパリング済み
スイートチョコレート………適量

アーモンドダイス………適量

〈準備〉

●ナッツ類は100℃に温めたオーブンで15分乾燥焼きして、細かく刻んでおく。

●スイートチョコレート100gは細かく刻んでおく。

〈作り方〉

❶ スイートチョコレート20gを湯せんで溶かし、プラリネペーストを加える。次にナッツとフィヤンティーヌを加え、よく混ぜる。

❷ 鍋に生クリームを入れて沸騰させる。

❸ スイートチョコレート100gを入れたボールに❷を注ぎ、ゴムべらでさっと混ぜる。チョコレートの乳化が始まったら中央から外側へと静かに混ぜ、さらに❶を加えて混ぜる。

❹ バットに移し、空気が入らないようにラップをぴったり張りつけ、ひと晩おいてゆっくり結晶させる。

❺ 絞り袋に入れて、ビニールシートの上に20個に分けて絞り出す。

❻ 指で形を整えてから手のひらで丸める。

❼ テンパリングしたスイートチョコレート少量を手に取って、❻を転がす。

❽ テンパリングしたスイートチョコレートに❼の半量を1個ずつ浸す。

❾テンパリングしたスイートチョコレートにアーモンドダイス適量を加え、残りの半量を1個ずつ浸す。アーモンドダイスはチョコレートに加えず、あとからまぶしてもよい。

〈プラスポイント〉

ナッツ類をあえて粗めに刻んで、ざっくり感を楽しんでも。

オランジェット

いよかんピールの苦みとチョコレートの大人コラボ

◆◆◆

〈材料〉

いよかんピール………適量

テンパリング済み
スイートチョコレート………適量

〈準備〉

●いよかんピールは5mm幅にカットし、100℃のオーブンで20～30分乾燥焼きするか、または前の晩から干しておく。

〈作り方〉

❶ いよかんピールを指でつまみ、テンパリングしたスイートチョコレートに浸す。

❷ 余分なチョコレート液を切ってからビニールシートの上に並べて、固まるまで待つ。

〈プラスポイント〉

いよかんピールの代わりに、市販のオレンジスライスのシロップ漬けでもOK。同様に乾燥焼きして、テンパリングしたスイートチョコレートにスライスの半分を浸します。

いよかんピールの作り方

〈材料〉

いよかん………2個

砂糖………500g

水………200cc

〈作り方〉

❶ いよかんを4つ割にしてから皮をむき、水をたっぷり入れた鍋に皮を入れて沸騰させる。

❷ ザルにあけて湯を切り、あら熱が取れたら皮の白い部分を少しそぎ落とす。

❸ 鍋に水を入れなおしてから皮を入れ、再度沸騰させて湯を捨てる。

❹ これを4～5回繰り返してアクを抜き、再度たっぷりの水を入れて軟らかくなるまで煮る。

❺分量の水に100gの砂糖を加えて沸騰させ、人肌に冷めたら皮を入れ、ラップをかけて重石をして、ひと晩おく。

❻ いったん皮を取り出し、砂糖100gを加えて沸騰させ、皮を戻して一晩おく。これを合計5日繰り返す。

❼ 煮沸消毒したビンに汁ごと入れて冷蔵庫で保存する。

〈プラスポイント〉

いろいろな柑橘類で試しましたが、私にとって「いよかん」がベスト。ユズでも美味しくできました。つねに液に浸して、空気に触れないように気をつけて。

オランジュ

ふわっと香るいよかんとカラフルな柄に心が躍る

〈材料〉

11cm×14cm角型 1台　30個分

生クリーム………65cc

水あめ………15g

スイートチョコレート………130g

バター………15g

いよかんピール………20g

オレンジのリキュール（コアントローなど）………大さじ1

テンパリング済みスイートチョコレート………適量

転写シート………各適量

転写シート

転写シートでショップ風に……

チョコレート作りのレッスンの際に、この転写シートをはがすと、必ずみなさんから歓声が上がります。模様のついたチョコレートは、お店で売っているものみたい！と驚かれます。転写シートは、模様の凹凸があってざらざらしているほうをチョコレート側に向けて、貼りつけてください。

〈準備〉

- スイートチョコレートは細かく刻んでおく。
- バターは室温に戻しておく。
- いよかんピールはみじん切りにしておく。
- 型に厚手のビニールシートを十文字に敷いておく。
- 転写シートを2.5～3cm角にカットしておく。

乳化が始まったら中央から外側へとゆっくり混ぜる。

3 バターを入れて、混ぜ合わせる。

5 ビニールシートを敷いた型に流したら、底をテーブルに軽く当てて空気を抜き、ひと晩おく。

6 四角く固まったチョコレートを2～2.2cm角にカットする。

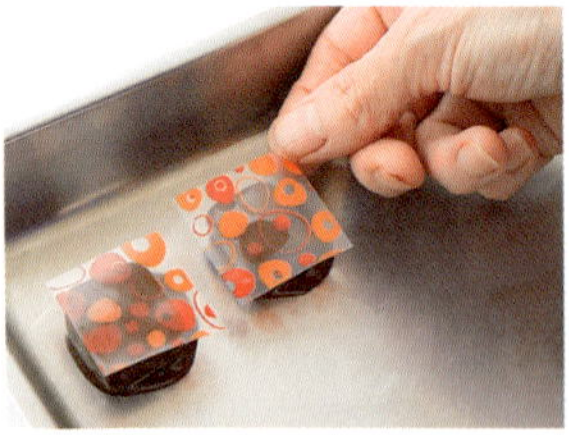

9 固まらないうちに、1個ずつ転写シートを貼りつける。

10 完全に乾いたら、転写シートをはがす。

〈 作り方 〉

1 鍋に生クリーム、水あめを入れて沸騰させる。

2 スイートチョコレートを入れたボールに❶を注ぐ。

4 バターが溶けてからみじん切りにしたいよかんピール、リキュールを加える。

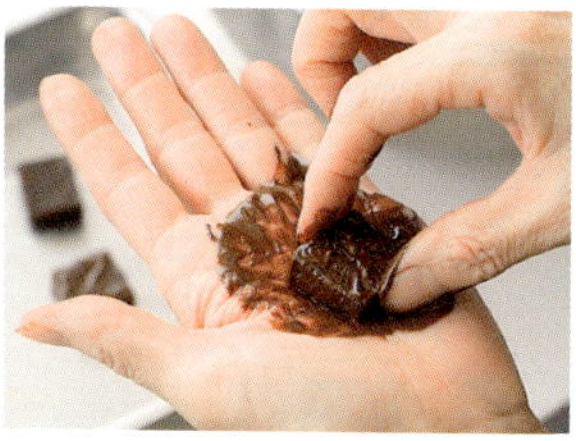

7 テンパリングしたスイートチョコレート少量を手に取り、❻の周りにつける。

8 テンパリングしたスイートチョコレートに浸してフォークで取り出し、ビニールシートの上に置く。

カプチーノ

とろりコーヒー味のガナッシュに癒されて

◆◆◆

〈材料〉

プレゼントボックス型を使用　24個

生クリーム………50g

水あめ………15g

ホワイトチョコレート………130g

インスタントコーヒー………大さじ1

コーヒーリキュール………大さじ1

バター………15g

シナモンパウダー………小さじ1/2

テンパリング済み
スイートチョコレート………適量

〈準備〉

●ホワイトチョコレートは細く刻んでおく。

●インスタントコーヒーをコーヒーリキュールで溶いておく。

●バターを室温に戻しておく。

●型は使用する前にクリーニングをする。型に油分やゴミがついていると、型から抜けなかったり、きれいに仕上がらないことがあります。

〈作り方〉

❶ 鍋に生クリーム、水あめを入れて沸騰させる。

❷ ホワイトチョコレートを入れたボールに❶を注いで、ゴムべらでさっと混ぜる。乳化が始まったら、中央から外側に向かってゆっくり混ぜる。

❸ 溶いたインスタントコーヒー、バター、シナモンパウダーを加え、ボールにラップをかけてひと晩おく。

❹ 型にテンパリングしたスイートチョコレートを指でこすりつけ、その後、たっぷりと流し入れ、ボールにチョコレートを戻す。周りの余分なチョコレートをパレットナイフでそぎ落とす。

❺ 型に残ったチョコレートが固まったら、❸を絞り袋に入れて絞り分ける。

❻ ❺が固まったら、テンパリングしたスイートチョコレートを上に流し、余分なチョコレートをパレットナイフなどでそぎ落とす。そのまま室温で固める。

❼ バットなどをかぶせ、ひっくり返してチョコレートを取り出す。

1

2

型抜きチョコレート

簡単に作れて、キュートな見た目が魅力的

◆◆◆

●タワー

〈材料〉

タワー型を使用　個数は適宜

テンパリング済み
ミルクチョコレート………適量

〈作り方〉

❶ テンパリングしたミルクチョコレート少量を指につけて、タワー型の細かい模様の部分にこすりつけておく。

❷ テンパリングしたミルクチョコレートを型のふちまで流し、底を軽く作業台に打ちつける。

❸ 完全に固まったら、型を裏返しにしてチョコレートを取り出す。

●スクエアハート

〈材料〉

スクエアハート型を使用　個数は適宜

テンパリング済み
ホワイトチョコレート……適量

テンパリング済み
スイートチョコレート……適量

〈作り方〉

❶ ハートのくぼみに、スイートチョコレートを流し、底を軽く作業台に打ちつける。

❷ ❶が完全に固まってから、スクエアのくぼみにホワイトチョコレートを流し、底を軽く作業台に打ちつける。

❸ 完全に固まったら、型を裏返しにしてチョコレートを取り出す。

木の葉型ナッツ&バラ型ドライフルーツ

木の葉もお花も、ナッツで彩り華やかに

〈材料〉

木の葉型を使用　14個

バラ型を使用 18個

テンパリング済み
ミルクチョコレート………適量

ナッツ類（皮なしアーモンド、
ピスタチオ、ピーカンナッツなど
好みのものを）………適量

ドライフルーツ（レーズン、
ドレンチェリーなど
好みのものを）………適量

〈準備〉

●ナッツ類は100℃に温めたオーブンで15分乾燥焼きし、適当な大きさにカットしておく。

〈作り方〉

❶ テンパリングしたミルクチョコレートの少量を、指で型にこすりつける。

❷ 型のふちまでミルクチョコレートを流し込む。

❸ チョコレートが固まらないうちにナッツ類、ドライフルーツなどを張り付ける。

❹ 完全に固まったら、型を裏返しにしてチョコレートを取り出す。

マンディアン

季節の生フルーツをデコレーションできるのは、手作りだからこそ

◆◆◆

〈材料〉

個数は適宜

テンパリング済みスイートチョコレート………適量

季節の生フルーツ………適量

〈作り方〉

❶ フルーツは適度な大きさにカットする。

❷ テンパリングしたスイートチョコレートを、スプーンですくいビニールシートを敷いたバットの上に丸く広げる。

❸ チョコレートが乾かないうちに、彩りよくフルーツを盛って固める。

2

3

〈プラスポイント〉

日もちのしない生フルーツのせは、お店の商品には不向きです。手作りならではの新鮮なフルーツとチョコレートのマッチングを楽しんでください。

パヴェ・オ・テ

紅茶が香るエレガントな生チョコレート

〈材料〉

11㎝×14㎝の角型1台　約42個分

生クリーム………100g

紅茶

（アールグレイがおすすめ）………6～10g

水あめ………10g

ミルクチョコレート………150g

ココアパウダー………適量

〈準備〉

- ミルクチョコレートは細かく刻んでおく。
- 型に厚手のビニールシートを十文字に敷いておく。

〈作り方〉

❶ 生クリームを鍋に入れて火にかけ、沸騰したら紅茶の葉を入れて火を止め、ふたをして5分蒸らす。

❷ 茶葉をこし、水あめを加えて再び沸騰させる。

❸ ミルクチョコレートを入れたボールに❷を加え、ゴムべらでさっと混ぜる。乳化が始まったら、中央から外側へとゆっくり混ぜる。

❹ ビニールシートを敷いた型に❸を流し、固める。

❺ 四角く固まったチョコレートを1.7～2㎝角にカットする。

❻ ❺にココアパウダー（好みに応じて粉砂糖）をまぶす。

〈プラスポイント〉

- 茶葉の種類により、水分を吸い込む量に多少の差が出ます。生クリームをチョコレートに加えるときは、チョコレートの半量（75g）あるかを確認。不足分は生クリームを追加します。
- ❸でチョコレートが溶けきらない場合は湯せんにかけて完全に溶かします。

ピックで
甘い"おつまみ"風に……

軟らかい生チョコレートは小さくカットし、ピックに刺してお皿に盛ると、かわいらしくて食べやすくなります。テンパリングが不要なのでわりと簡単に作れますが、子どもが好きな甘いチョコレートに対し、大人のイメージがあるせいか、男性に好まれます。チーズとあわせてお酒のお供にいかがでしょう。

ほうじ茶味の生チョコ

チョコレートの風味にそっと寄り添う日本のお茶の粋

◆◆◆

〈材料〉
11cm×14cmの角型1台　約42個分
生クリーム………120g
ほうじ茶………6～10g
水あめ………10g
ミルクチョコレート………150g
ココアパウダー………適量

〈準備〉
- ミルクチョコレートは細かく刻んでおく。
- 型に厚手のビニールシートを十文字に敷いておく。

〈作り方〉
❶ 生クリームを鍋に入れて火にかけ、沸騰したらほうじ茶の葉を入れて火を止め、ふたをして5分蒸らす。
❷ 茶葉をこし、水あめを加えて再び沸騰させる。
❸ ミルクチョコレートを入れたボールに❷を加え、ゴムべらでさっと混ぜる。乳化が始まったら中央から外側へとゆっくり混ぜる。
❹ ビニールシートを敷いた型に❸を流し、固める。
❺ 四角く固まったチョコを1.7～2cm角にカットする。
❻ ❺にココアパウダーをまぶす。

〈プラスポイント〉
茶葉の種類により、水分を吸い込む量に多少の差が出ます。生クリームをチョコレートに加えるときは、チョコレートの半量（75g）あるかを確認。不足分は生クリームを追加します。

抹茶味にアレンジ……

生チョコレートは、ガナッシュ（生クリーム+チョコレート）にさまざまな味を加えて多彩なバリエーションを楽しむことができます。ここでは日常的に飲まれているほうじ茶を使いましたが、抹茶味も美味です。ただし、ふつうの抹茶は火にかけると色が飛んでしまいますので、製菓用抹茶の使用をおすすめします。

チョコレートで季節のおもてなし

季節感を大切にする日本らしく、和菓子には見た目や風味に四季を感じさせるものがたくさんあります。洋菓子でも旬の食材を使ったり、クリスマスやイースターといった行事に合わせたものが、季節ごとにショーケースを彩ります。

それに対して、チョコレートは……。とりわけボンボンショコラについて言えば、季節感をあらわしているものをショップで見かけることはあまりありません。

でも、ボンボンショコラは無限の組み合わせが可能なスイーツ。ガナッシュに旬の味覚を加える、または、色や形に季節感を織り込むといった方法で、四季や行事を表現できます。

そんなことを考えて、本書では季節に合わせたチョコレートのレシピを作りました。桜の塩漬けや、爽やかなハーブを加えたり、秋の収穫を思わせるデコレーションを施したり。目で見て楽しみ、味わって感じる季節というのはやはり風情があって、チョコレートを食べるひとときをいっそう素敵に彩ってくれます。私にとって、大いなる発見となりました。

さくら

晴れやかに、春の訪れを祝うひと粒

◆◆◆

〈 材料 〉

11cm×14cmの角型1台 30個分
生クリーム………75g
水あめ………15g
さくらの塩漬………20g
スイートチョコレート………120g
さくらリキュール………大さじ1
テンパリング済み
スイートチョコレート………適量
飾り用さくらの塩漬け………30個分

〈 準備 〉

- 桜の塩漬けはガナッシュ用、飾り用いずれも塩を軽く洗い流して水気をしっかり拭き取る。
- スイートチョコレートは細かく刻んでおく。
- 型に厚手のビニールシートを十文字に敷いておく。

〈 作り方 〉

❶ 鍋に生クリーム、水あめを入れて沸騰させる。火を止め、さくらの塩漬けを加えてふたをして5分置く。
❷ さくらの塩漬けを取り除き、再び火にかけて沸騰させる。
❸ スイートチョコレートを入れたボールに❷を注ぎ、ゴムべらでさっと混ぜ、乳化が始まったら中央から外側へと静かに混ぜる。
❹ リキュールを加えて混ぜる。
❺ ビニールシートを敷いた型に流し、底を軽く叩いて空気を抜き、ひと晩おく。
❻ 1.8cm角にカットする。
❼テンパリングしたスイートチョコレート少量を手に取り、❻の周りにつける。
❽❼をテンパリングしたスイートチョコレートに浸してチョコレートフォークで取り出し、ビニールシートの上に並べる。
❾表面が乾かないうちにさくらの塩漬けを飾る。

ミント

ふわっと広がる清涼感で、潤いのひとときを

◆◆◆

〈材料〉

11cm×14cm角型1台 30個分

生クリーム………70g

水あめ………10g

ミントの葉………3g

スイートチョコレート………140g

ミントリキュール………大さじ1/2

バター………15g

テンパリング済み
スイートチョコレート………適量

〈準備〉

- ミントの葉はみじん切りにしておく。
- スイートチョコレートを細く刻んでおく。
- バターを室温に戻しておく。
- 型に厚手のビニールシートを十文字に敷いておく。
- 転写シートを3cm角にカットしておく。

〈作り方〉

❶ 鍋に生クリームを入れて火にかけ、沸騰したらミントの葉を入れて火を止め、ふたをして5分蒸らす。

❷ 水あめを加えて再び沸騰させる。

❸ チョコレートが入ったボールに茶こしで葉をこしながら、❷を注ぐ。ゴムべらでさっと混ぜ、乳化が始まったら中央から外側へと静かに混ぜる。

❹ バターを加えて溶かし、あら熱が取れたらリキュールを加える。

❺ ビニールシートを敷いた型に流し、底を軽く叩いて空気を抜いて、ひと晩おく。

❻ 2〜2.2cm角にカットする。

❼ テンパリングしたスイートチョコレート少量を手に取り、❻の周りにつける。

❽ ❼をテンパリングしたスイートチョコレートに浸してチョコレートフォークで取り出し、ビニールシートの上に並べる。

❾ 表面が乾かないうちに転写シートをのせ、乾いたらはがす。

Summer

〈プラスポイント〉

ミントの葉はペパーミントでも、スペアミントでもお好みで。ペパーミントはクールですが、スペアミントは穏やかな清涼感があります。私はお庭で育てたスペアミントを使っています。はっきりとミントの味を感じさせるレシピですが、爽やかなアクセントに心と体がスーッと落ち着きます。

秋の切株

彩りも食感も豊かな、秋の実り

〈材料〉

切株型を使用 15個分

テンパリング済み
スイートチョコレート………適量

生クリーム………50g

水あめ………10g

ミルクチョコレート………100g

栗の渋皮煮………8個

ドライフルーツ（イチジク、
ドライアプリコット、ドライクランベリー、
レーズンなど）………適量

ナッツ（ピスタチオ、ピーカンナッツ、
ヘーゼルナッツ、くるみ、アーモンドなど）
………適量

加水加熱不要のナパージュ………適量

〈準備〉

- ミルクチョコレートは細かく刻んでおく。
- 栗の渋皮煮、ドライフルーツは適当な大きさに刻んでおく。
- ナッツ類は100度に温めたオーブンで15分乾燥焼きして、適当な大きさに刻んでおく。

〈作り方〉

❶ 鍋に生クリームと水あめを入れて沸騰させる。

❷ ミルクチョコレートを入れたボールに❶を注ぎ、ゴムべらでサッと混ぜ、乳化が始まったら中央から外側へと静かに混ぜる。

❸ 抜き型にテンパリングしたスイートチョコレートを指でこすりつける。

❹ 抜き型にテンパリングしたスイートチョコレートを縁まで流し入れ、それをボールに戻す。周りの余分なチョコレートをパレットナイフなどで落とす。

❺ 型のチョコレートが固まったら、栗の渋皮煮、ドライフルーツ、ナッツを彩りよく飾り、ハケでナパージュを塗る。

Autumn

〈プラスポイント〉

- ナパージュは、上がけ用のゼリーです。つやを加えて見た目をよくするだけでなく、乾燥を防ぐ役目をします。製菓用品店で売っています。
- ナッツは必ず乾燥焼きしてから使用します。乾燥時間は100℃に温めたオーブンで15分くらい。ピスタチオなどの小さなものは10分ほどでよいでしょう。

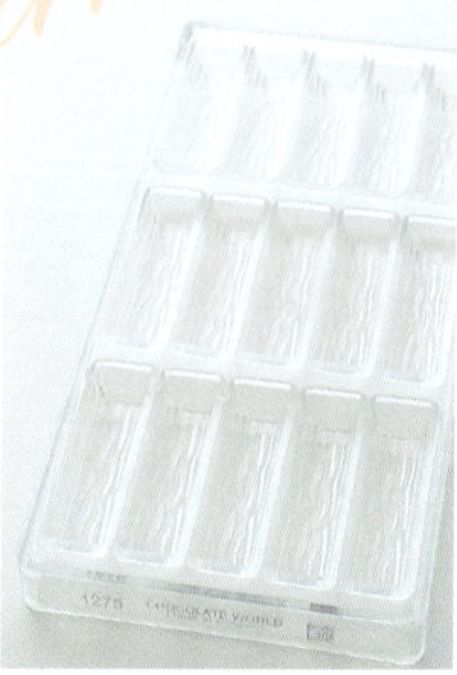

切株型

ロリーポップ

ふわふわマシュマロは絶妙なパートナー

◆◆◆

〈材料〉

10本分

テンパリング済みの
スイートチョコレート………70g

マシュマロ………20g

アーモンドダイス………10g

仕上げ用テンパリング済みチョコレート
………適量

キャンディースティック………10本

〈準備〉

- マシュマロを5㎜角にカットする。
- アーモンドダイスを100℃で15分乾燥焼きする。

〈作り方〉

1. テンパリングしたスイートチョコレート70gをボールに入れ、ばらばらになるようにマシュマロを加える。
2. アーモンドダイスを加える。
3. 固まってきたら、10等分にしてそれぞれ手で丸める。
4. スティックを差し込む。
5. 仕上げ用のテンパリングしたスイートチョコレートに1個ずつ浸す。

初めてのハロウィン……

日本でも、今やすっかりおなじみとなったハロウィン。我が家では2人の息子が小学生だったころ、アメリカ人のご家族と知り合ってイベントに誘われたのが、初めてのハロウィン体験でした。子どもたちが変装して知り合いのお宅を訪ねてお菓子をいただくのですが、ふだんシャイな長男がノリノリでびっくり（笑）。子どもにとっては、特別な行事なのでしょう。

年に一度のチョコレートの祭典
――バレンタインデー

新年を迎えた賑わいが落ち着くころ、日本のチョコレート好きにはたまらない季節がやって来ます。そう、バレンタインデーです。フランス・パリでは、毎年十月に「サロン・デュ・ショコラ」というチョコレートの祭典が開かれるのですが、日本でも二〇〇三年からバレンタインデーの直前に同じイベントが催されるようになり、いまや全国七か所で大勢の人を集めています。

私もこの「サロン・デュ・ショコラ」には、必ず足を運びます。このときだけ日本に出店するショコラトリーもたくさんありますし、最新の流行を感じ、素敵なデザインのチョコレートを見つけて、自分のアイデアのもとにしています。とはいえ、購入して舌で確かめることより、ひたすら会場を歩き回って、〝目で確かめる〟ことのほうが多いのですが……。

私が開いているサロンでも、バレンタインデーの前はチョコレート作りを学びたいという生徒さんが多くなります。ご自宅で彼や家族に贈るために作りたいと、

St. Valentine's

レッスンを受ける方が主流ですが、レッスンで一緒に作ったものをそのままプレゼントする方も、結構いらっしゃいます。ある女性は職場で配って自分の〝株〟が上がったと、とても喜んでいました。

幸いにも、ここで作ったチョコレートを贈ってから、そのお相手と結婚に至った方もいらして、もしかすると自分が恋のキューピッド役を果たしたのかしらと、嬉しい思い出も残っています。その話を聞いた生徒さんが「うちの娘の〝婚活〟も頼みます」と、親子で参加されたこともありました。

年に一度しかないチョコレート最大の祭典。せっかくですから、話題のショコラトリーをチェックするにしても、大切な人にプレゼントとして作るにしても、思いきり楽しんでください。

キャラメルハート

大人味のキャラメルに恋心を託して

〈材料〉

ハート型を使用 21個分

砂糖………40g

生クリーム………80g

生クリーム………60g

水あめ………10g

ミルクチョコレート………90g

バター………10g

テンパリング済みのスイートチョコレート………適量

ささやかなバレンタイン……

私にとって、胸がキュンとなるようなバレンタインの思い出はありません。わずかな記憶は、父と一緒に銀座まで出かけ、不二家でチョコレートを買ったことぐらいでしょうか。自分が母になっても、息子たちがもらったかどうか、聞いて確かめることはしていません。でも、息子たちの部屋のゴミ箱に、包み紙が捨ててあるのを目撃することはよくあります。くすぐったい気持ちになりますね。

〈プラスポイント〉

ハートの表面の曲線がつやを出すポイント。型選びも大切です。少しでも外側のチョコレートを薄くするよう、型からボールにチョコを戻すときは、しっかり落としてください。

3 これをミルクチョコレートを入れたボウルに注ぎ、ゴムべらでさっと混ぜて、乳化が始まったら中央から外側へと静かに混ぜる。

6 型の縁までテンパリングしたチョコレートを流し入れる。

7 流し入れたチョコレートは、すぐにボールに戻す。

10 余分なチョコレートをパレットナイフなどで落とし、底を軽く叩いて空気を抜く。再び室温で固める。固まったら型の上にバットなどをかぶせ、ひっくり返してチョコレートを取り出す。

〈準備〉

- スイートチョコレートは細かく刻んでおく。
- 生クリーム 80g を鍋に入れ沸騰寸前まで加熱しておく。

〈作り方〉

1 鍋に砂糖を入れて火にかけ焦げてきたら、加熱しておいた生クリームを加え混ぜる。それを30℃くらいまで冷ます。

2 別の鍋に生クリーム60gと水あめを入れて沸騰させる。

4 ❸にバターと❶を加えて混ぜる。

5 バットに移し、空気が入らないようにしっかりラップをかぶせて、ひと晩おいてゆっくり結晶させる。

周りの余分なチョコレートはパレットナイフなどで落としておく。

8 型のチョコレートが固まったら、絞り袋に入れた❺を、型のひとつひとつに絞り出し、室温で固める。

9 ❽にテンパリングしたスイートチョコレートをかけてふたをする。

パッションピラミッド

チョコレートに隠した、甘酸っぱい"情熱"

〈材料〉

ピラミッド型を使用　21個分

パッションピューレ………70g

砂糖………20g

生クリーム………35g

水あめ………8g

スイートチョコレート………30g

ホワイトチョコレート………60g

テンパリング済み
スイートチョコレート………適量

〈準備〉

● スイートチョコレート、ホワイトチョコレートは、それぞれ細かく刻んでおく。

〈プラスポイント〉

フルーツピューレにはたくさんの種類がありますから、ガナッシュをアレンジするのも楽しいでしょう。酸味のあるパッションフルーツは、マカロンのクリームやムースなどいろいろなお菓子に使えるので重宝します。日持ちをよくするために、しっかり煮つめてジャムにして加えました。

〈作り方〉

❶ **鍋にパッションピューレと砂糖を入れて火にかけ、とろみがつくまで煮つめる。**

❷ 別の鍋で温めておいた生クリームと水あめを、❶の鍋に加えて混ぜる。

❸ ❷の3分の1の分量をスイートチョコレートが入ったボールに注ぎ、ゴムべらでサッと混ぜ、乳化を始めたら中央から外側へ静かに混ぜる。

❹ ❷の残りの分量をホワイトチョコレートが入ったボールに注ぎ、❸と同様に混ぜる。

❺ それぞれバットに移してラップをしっかりかぶせ、ひと晩おく。

❻ ピラミッド型に、テンパリングしたスイートチョコレートを指でこすりつける。

❼ 型にテンパリングしたスイートチョコレートを縁まで流し入れ、チョコレートをボールに戻す。周りの余分なチョコレートをパレットナイフなどでそぎ落とす。

❽ 型のチョコレートが固まったら、絞り袋でスイートチョコレートのガナッシュを絞り入れ、底を軽く叩いて平らにし、室温で固める。

❾ さらに、ホワイトチョコレートのガナッシュを絞り袋で❽の上に絞り入れ、室温で固める。

❿ ❾にテンパリングしたスイートチョコレートをかけてふたをし、余分をパレットナイフなどでそぎ落とし、底を軽く叩いて空気を抜く。

⓫ 固まったら型の上にバットなどをかぶせ、ひっくり返してチョコレートを取り出す。

テディベア

大好きな友だちへ、これからもよろしく

◆◆◆

〈材料〉
ベアー型を使用 個数は適宜
テンパリング済みスイートチョコレート………適量
テンパリング済みホワイトチョコレート………適量

〈作り方〉
❶ テンパリングしたスイートチョコレート少量を指につけて、ベアー型の細かい模様の部分をはじめ、全体をなぞってこすりつける。
❷ テンパリングしたスイートチョコレートを型に流し、底を軽く作業台に打ちつけて空気を抜く。周りの余分なチョコレートをパレットナイフなどでそぎ落とす。
❸ 完全に固まったら、型をひっくり返してチョコレートを取り出す。
※ホワイトチョコレートも❶〜❸と同様に。

時代は友チョコ……

女性から男性に贈るはずだったバレンタインデーですが、最近は女性同士の“友チョコ”が流行中。特に小学生はクラスの女子全員に配るなど大がかりなので、お母様たちは費用をかけず、大量に、かわいらしく作れるチョコレートを、かなり研究しているのです。私も生徒さんからアイデアを教えていただいて、レシピのヒントにしています。

心をつなぐチョコレートの贈り物

チョコレート作りは、ほかのお菓子に比べて格別に難しいわけではありません。でも、同じように手間をかけてでき上がるのは、一方では立派なケーキなのに、一方では小さなチョコレート。なかなか作る気になれないかもしれません。まして、誰かにプレゼントをするのであれば、大きなお菓子のほうが見栄えがしそうです。

それでも、受け取る人にとってみれば、チョコレートは、手軽につまんで口に入れられる食べやすいお菓子。冷蔵庫で冷やしたり、ナイフで切ったりといった手間もかかりません。そして、たったひと口で食べ終わるのに、ホッと気持ちが和らぎます。時間をかけ、心をこめて作ったチョコレートは、相手の方が食べたときに、きっとその心を伝えてくれるでしょう。

プレゼントするときは、チョコレートが箱の中で動かないようにぴったり合うサイズの箱に入れてください。東急ハンズ、伊東屋などでは、きれいなチョコレート用の箱も扱っています。東京の調理専門の道具商店街、合羽橋《かっぱばし》にはパンやデザートのパッケージ専門店・伊藤景パックがあり、オンラインショップもあるのでよく利用します。ステキな箱が見つかったら、軽くリボンをかけ、メッセージカードを添えて贈ってみてはいかがでしょう。

Plaisir d'Offrir

大人もワクワク、チョコレートボックス

子どものころ、〝お菓子の家〟を見てワクワクしませんでしたか？　大人になった今でも、ワクワクするものがあることをお伝えしたくて、オーダーしたのがこちらのチョコレートボックスです。

写真右のボックスは、フランスのファッションブランドメーカー製かしらと思わせる赤い皮で作られていて、三段のスライド式になっています。

チョコレートにとっては、一段の大きな平たい箱のほうがポピュラーでしょう。写真左もあえて数段を重ねた厚みのある箱にしたのは、下にもぎっしりチョコレートが詰まっていると想像してもらいたかったから。

そして私はといえば、チョコレートがいっぱい詰まったボックスをプレゼントして、ワクワクがたっぷりこもった歓声の上がるシーンを思い浮かべながら、チョコレート作りに励みました。色と形のバランスを考えて、ひとつひとつ入れるのも楽しい作業です。

カルトナージュ※のサロン「ココハウス」で作っていただいたのが、こちらのボックス。チョコレートを食べ終わったら、コスメボックスにしたり、内箱を入れてジュエリーボックスとして使っても素敵です。私はずっと、チョコレートを入れておきたいと思っていますが……。

※厚紙で組み立てた箱などに、
紙や布を貼り付けたフランスの手工芸品。

II

チョコレートがつなぐ心と心

チョコレートづくしパーティ

スイーツブッフェやティーパーティはあっても、チョコレートだけのパーティはなかなかありません。私自身も経験はないのですが、こんなシーンをイメージしてみました。少し多めのゲストを招く立食スタイルで、カップやお皿、カトラリーはもちろん、チョコレートもすべて最初からテーブルに出しておきます。

前もって準備ができ、招く側もいっしょに楽しめるのが立食スタイルのよいところです。チョコレートの盛りつけは平らなお皿だけでなく、マフィンスタンドや二段に重ねたケーキスタンドを使って、立体的にコーディネートしました。

飲み物はたっぷりご用意ください。紅茶は少し渋めのダージリンのほか、少々くせがありますが、ラプサンスーチョンなど中国系の茶葉を合わせるのが、私は好きです。

大人のパーティなら、色鮮やかなシャンパーニュのロゼを出すのも粋。カカオ分の高いチョコレートにフルボディのワインという組み合わせも、本物のチョコレートを知る上級者ならではの楽しみ方です。

おもてなしのテーブルセッティング

テーブルセッティングの基本アイテムは、リネン、テーブルウェア、フィギアです。フィギアとはテーブルを飾る装飾品のことですが、トーキンググッズと言って、話題づくりの役目も果たしています。今回のフィギアがわりは、二段に並べたチョコレートたち。

テーブルを上手にコーディネートするコツは、アイテムのグレードや系統をそろえて統一感を出すこと、部分的に高さのあるものを置いて立体的にすること、季節感や色の調和を考えることですが、一番大切なのは、食べやすく取り分けやすいように工夫し、ゲストに心から楽しんでもらうことだと思っています。

今回はチョコレート好きの友人を招いて、新作レシピの発表会という設定です。テーブル中央には大小二つのケーキスタンドを重ねて、主役のチョコレートを並べました。周りにはリース状のフラワーアレンジメントを飾り、背の高いキャンドル

二本を対照的に並べ、テーブルクロスはボルドー色に。それぞれのお皿の上には浅いシャンパングラスを置いて、お迎え用のひと粒を入れています。
アンティークのシルバーのティーポットにはたっぷりと紅茶を用意。茶葉は二種類用意しておきます。テーブルの端にはチョコレートボックスを置きましたが、ゲストがお帰りのときにプレゼントできるよう、ラッピングしたチョコレートを飾っておくのもおすすめです。

心ときめくチョコレートのデザート

数限りなくあるチョコレート菓子。ここでは
伝統的な2つのケーキと、夏におすすめのアイスクリーム、
本格的なチョコレートドリンクをご紹介します。

オペラ

優雅に味わう大人のチョコレートケーキ

〈材料〉 27cm角型を使用

● ビスキュイ ジュコンド

全卵………2個
粉砂糖………75g
アーモンドプードル………75g
薄力粉………20g
卵白………2個
砂糖………10g
溶かしバター………15g

● ガナッシュ

生クリーム………100g
スイートチョコレート………100g

● コーヒーバタークリーム

バター………100g
卵白………1個分
砂糖………35g
コーヒーリキュール………15g
インスタントコーヒー………15g

● コーヒーシロップ

水………60g
砂糖………30g
コーヒーリキュール………15g

● 金粉………少々

オペラは特別なチョコレートケーキ……

チョコレートの代表的なお菓子といえば、オペラ。パリに本店を構えるダロワイヨが初めて作ったと言われています。名前の由来は、ダロワイヨの本店近くにあるオペラ座で、ケーキの上に飾る金箔は、オペラ座のドームの上にあるアポロンの掲げる金の琴を模しています。パリの製菓学校に通ったとき、ガトーオペラを思い浮かべて、ドキドキしながらオペラ座の辺りを歩いたことを思い出します。

オペラは、パティシエを目指す人が通う学校で、卒業試験のテーマになることの多いケーキ。私のサロンのディプロマコースでは、最終回がこのリボンがけオペラです。有名店などのいろいろなレシピを試しましたが、こちらは私が一番気に入っているオリジナルレシピです。一般的に一番上はテンパリングしたチョコレートを流しますが、やわらかい雰囲気を出したくて、ガナッシュを使っています。チョコレートで作ったリボンで、優雅にデコレーションしました。

3 ❷を❶に加え、すばやく混ぜる。

ラップでくるんでクリームが落ち着くまで冷蔵庫で冷やす。

〈準備〉

- 粉砂糖、アーモンドプードル、薄力粉はあわせてふるっておく。
- バタークリーム用のバターは室温に戻しておく。
- スイートチョコレートは細かく刻んでおく。
- オーブンを220℃に温める。
- 天板にオーブンシートを敷いておく。

〈作り方〉

●ビスキュイ ジュコンド=写真

●コーヒーバタークリーム

❶ ボールにバターを入れて泡立て器でしっかり混ぜる。

❷ 別のボールで卵白を泡立て、砂糖を加えてメレンゲを作る。

❸ ❶の中に❷を数回に分けて加え混ぜる。

❹ コーヒーリキュールにインスタントコーヒーを溶かし、❸に少しずつ加えて混ぜる。

●ガナッシュ

❶ 生クリームを鍋に入れて沸騰させ、スイートチョコレートを入れたボールに加えてよく混ぜる。

●コーヒーシロップ

❶ 鍋に水、砂糖を入れて火にかけ、砂糖が溶けたら火を止める。

❷ あら熱が取れてから、リキュールを加える。

●組み立て=写真

4 ❸の上にシロップ、バタークリームの順に塗って、4枚めのビスキュイを重ね、ラップでくるみ天板などで重しをして、クリームが落ち着くまで冷蔵庫で冷やす。

5 最後に残りのガナッシュを全体にかけて、冷蔵庫でしっかり寝かせる。表面のガナッシュが固まったら、ナイフで周りの4辺をカットする。金粉を散らして飾る。

●ビスキュイ ジュコンドの作り方

1 ボールに全卵を割りほぐし、ふるっておいた粉類を加え、白っぽくふんわりするまで混ぜる。

2 別のボールで卵白を泡立て、砂糖を加えてメレンゲを作る。

溶かしバターをヘラで受けながら加えて、さっくりと混ぜる。

4 オーブンシートを敷いた天板に流し、表面を平らにして220℃のオーブンで10分焼く。

●組み立て

1 焼き上がったビスキュイを4等分に切る。

2 ラップの上に1枚めのビスキュイを載せ、シロップ、

コーヒーバタークリームを順に塗って、2枚めのビスキュイを重ねる。

3 ❷の上にシロップ、ガナッシュの順に塗って、3枚めのビスキュイを載せる。ラップでくるんでクリームが落ち着くまで冷蔵庫で冷やす。

ビュッシュ・ド・ノエル

大人味を楽しむクリスマスケーキ定番

〈材料〉 8cm×24cm×5cmトヨ型 1台分

● ダックワーズ・ショコラ

アーモンドパウダー………60g
ココアパウダー………20g
粉砂糖………45g
薄力粉………10g
卵白………100g
砂糖………60g
粉砂糖………適量

● チョコレートのムース

スイートチョコレート………90g
牛乳………55g
板ゼラチン………2g
生クリーム………110g

● バニラのムース

牛乳………45g
生クリーム………45g
卵黄………20g
砂糖………20g
板ゼラチン………2g
ラム酒………3g
生クリーム………20g

● グラサージュ・ショコラ（2回分）

生クリーム………200g
水………200g
砂糖………200g
水あめ………50g
ココアパウダー………100g
カカオマス………25g
板ゼラチン………6g

フランボワーズ、コポー、
オーナメント

クリスマスを祝う“薪”……

フランスでクリスマスケーキといえば、ビュッシュ・ド・ノエル。日本語に訳すと“クリスマスの薪”という意味です。薪の形になった理由はいくつか説があり、形が薪であれば何でもOKなのでレシピは実に多種多彩。市販のロールケーキを使って簡単に作る方法もありますが、年に一度のクリスマスにじっくり時間をかけて仕上げたケーキは、自分にとっても大切な贈り物となるのでは。

● チョコレートのムース

❶ スイートチョコレートを湯せんで溶かす。

❷ 牛乳を火にかけて沸かし、水でふやかしておいたゼラチンを加える。

❸ ❶に❷を加えて35℃まで冷やし、軽く泡立てた生クリームを合わせる。

● グラサージュ・ショコラ

❶ 鍋に生クリーム、水、砂糖を入れて火にかけ、沸騰したら水あめを加える。

❷ 98℃まで沸騰させ、吹きこぼれそうになったら火からおろす。ココアパウダーとカカオマスを加え、泡立て器でよく混ぜる。

❸ ❷の鍋を火にかけ、焦がさないように泡立て器でなべ底をこすりながら煮詰める。泡立て器の跡が残って、つやが出たら火からおろす。

❹ 水でふやかしておいたゼラチンを加え、ボールに移して氷水に浸け、温度を急激に下げる。

❺ とろとろ流れる状態になったら、出来上がり。

● 組み立て

❶ ビニールシートを敷いた大きいほうのトヨ型にチョコレートのムースの4分の3を流し入れ、その上に冷やし固めておいたバニラのムースを置く。

❷ 残りのチョコレートムースを流し入れ、ダックワーズ・ショコラでふたをして、冷凍庫で冷やし固める。

❸ グラサージュを流しかけ、コポー、オーナメント、フランボワーズを飾る。

〈プラスポイント〉

グラサージュは表面を美しくコーティングする仕上げ用のチョコレート。実際に使うのは約100gですが、多めの分量のほうが作りやすいので、倍の200g分の材料としました。残った分は冷蔵庫で2週間ほど日持ちします。ガトーショコラやムースなどの仕上げに使ってください。コポーは、両サイドに付けたチョコレートの飾りです。転写シートを使って手作りしました。

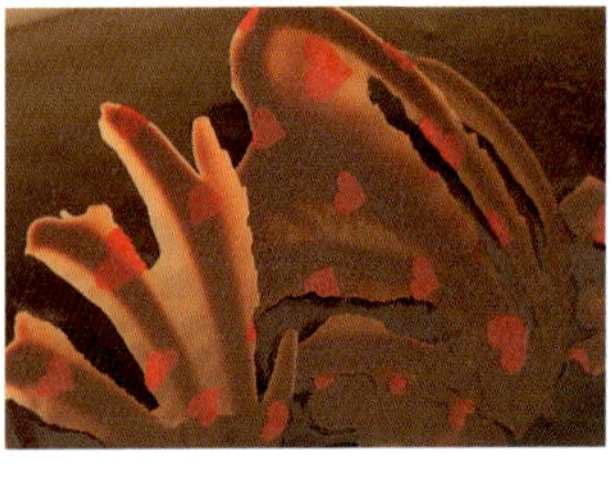

〈準備〉

- アーモンドパウダー、ココアパウダー、粉砂糖、薄力粉はあわせてふるっておく。
- オーブンペーパーで24cm×8cmの大きさの箱を作っておく。
- 大小（ひと回り小さいトヨ型も用意）2つのトヨ型に、ビニールシートを敷いておく。
- 板ゼラチンはそれぞれ、多めの冷水に入れてふやかしておく。

〈作り方〉

●ダックワーズ・ショコラ

❶ 卵白に砂糖を加えてしっかりとしたメレンゲを作る。
❷ ふるっておいた粉類を加え混ぜ、作っておいたオーブンペーパーのケースに入れ、粉砂糖を振りかける。
❸ 180℃に温めたオーブンで15分焼く。

●バニラのムース

❶ 牛乳、生クリーム45g、卵黄、砂糖を鍋に入れて、とろみがつくまで火を入れる。
❷ 水でふやかしておいたゼラチンを加え、ボールに入れ替えて氷水で冷やす。
❸ あら熱が取れたらラム酒を加え、軽く泡立てた生クリーム20gと合わせる。
❹ ビニールシートを敷いた小さいほうのトヨ型に入れて冷凍庫で冷やし固める。

Cristmas

グラス・オ・ショコラ

アイスクリームでも、極上のなめらかさと本物のショコラ味

◆◆◆

〈材料〉

４人分

牛乳………250cc

卵黄………４個

砂糖………60g

カカオマス………25g

スイートチョコレート………50g

生クリーム………120cc

〈準備〉

● スイートチョコレートとカカオマスは細かく刻んでおく。

〈作り方〉

❶ 鍋に牛乳を入れて火にかけ、沸騰直前まで温める。

❷ ボールに卵黄を入れてときほぐし、砂糖を加えて泡立て器で白っぽくなるまで混ぜ合わせる。

❸ ❷に❶を注いで混ぜてから、鍋に戻して中火にかけ、へらでハの字を書くように混ぜながらゆっくり83℃まで加熱して、とろみをつける。

❹ 火から下ろした❸を、スイートチョコレートとカカオマスを入れたボールに注いで混ぜ溶かす。

❺ 空気をよく含ませるため、ハンドミキサーで混ぜながら完全に冷ます。

❻ 別のボールで、生クリームを８分立てにする。

❼ ❺に❻を数回に分けて加え、しっかり混ぜる。

❽ このまま冷凍庫へ入れ、30分くらい冷やす。

❾ ほぼ固まったら冷凍庫から出し、泡立て器で混ぜて空気をたっぷり含ませる。

❿ 再び冷凍庫で冷やし固める。

⓫ ❾と❿の作業を３～４回繰り返す。

〈プラスポイント〉

チョコレートの味を際立たせるために、カカオマスを加えました。アイスクリームはしっかり空気を含ませて混ぜるのが、おいしさの秘訣。凍らせてから何度も泡立て器で混ぜるのは大変ですが、なめらかな舌ざわりに感動しますよ。

ショコラ・ショー

アイスでもホットでも飲みたい、贅沢ドリンク

◆◆◆

〈 材料 〉

２人分

牛乳………300g

生クリーム………大さじ1

スペアミント………1つかみ

スイートチョコレート………70g

〈 準備 〉

● スイートチョコレートは細かく刻んでおく。

〈 作り方 〉

❶ 牛乳、生クリーム、スペアミントを鍋に入れて鍋に入れて火にかける。沸騰したら火を止め、ふたをして５分蒸らす。

❷ ミントを網でこし、再度沸騰させる。

❸ 火を止め、スイートチョコレートを加え、余熱で溶かしてから泡立て器で混ぜ、もう一度沸騰させる。

〈 プラスポイント 〉

● ココアよりコクのある本物のチョコレートドリンク。さらにコクを出したいなら、スイートチョコレートの分量の 20g をカカオマスにするとよいでしょう。

● 冷たいショコラ・ショーを作るときは、グラスにクラッシュアイスをたっぷり入れて、少し冷ました❸を注ぎます。ゆるく泡立てた生クリームを加えると、やさしい味わいになります。

Ⅲ

チョコレートものがたり

チョコレートの歴史をたどってみれば

チョコレートの起源、ショコラトル

チョコレートの原料であるカカオは、紀元前二〇〇〇年ごろの昔からメキシコを中心とするメソアメリカに存在したといわれています。そして、人々はカカオを自ら栽培し、その豆を食べるようになりました。それは、カカオ豆が栄養満点で疲労回復や滋養強壮などの薬効まであると知られたからです。

食べるとはいっても、今のチョコレートのような甘いお菓子ではありません。カカオ豆を発酵させたあとに石製の道具ですりつぶすと、ドロドロの苦いドリンクになります。そこに水とトウモロコシの粉を加えてとろみをつけてお粥《かゆ》のような状態にしたり、唐辛子やスパイスを合わせて苦みを和らげ、仕上げに攪拌《かくはん》用の棒で泡立てて飲んでいたそうで、ショコラトルと呼ばれていました。これが、レシピでもご紹介したショコラ・ショーの源泉とでもいうのでしょうか。

とにかくカカオ豆は大変貴重なものとなり、貨幣としても使われ、ショコラトルは高貴な人々の口にしか入らなくなりました。

カカオとヨーロッパの甘い関係の始まり

一四〜一六世紀にメキシコで栄えたアステカ帝国の皇帝・モンテスマは、一日に五〇杯ものショコラトルを飲んでいたとか。そして一五一九年、チョコレート好きの皇帝のもとにメキシコに遠征してきたスペインのフェルナンド・コルテス将軍が現れ、ショコラトルを振る舞われたのがカカオとヨーロッパの甘い関係の始まりです。カカオの薬効を知ったコルテスは自軍の兵士にもショコラトルを飲ませ、やがてアステカ帝国を征服し、一五二八年、財宝とともにカカオをスペインへ持ち帰って、国王に献上しました。

その後約一世紀、スペインはカカオの存在を他国に秘密にして、自分たちで市場を独占しようとします。ところが、宮廷に仕えていたイタリア商人が故郷に伝え、スペイン国王の娘・アンヌがルイ一三世に嫁ぐとともにフランスにも伝わり、やがてヨーロッパ全土へと広がりました。スペインから他国に渡る頃には、苦みのあったショコラトルに高級品の砂糖を加えるようになり、濃厚で甘いカカオのドリンクが上流階級の人たちに人気を博したのです。

庶民も味わえるようになった一七〇〇年代

スペインの植民地となったメキシコでは、カカオドリンクがすぐに一般の人たちの間にも普及したのですが、ヨーロッパではしばらく上流階級だけのものでした。その間、各国にチョコレートショップができて、イギリスではチョコレートハウスが社交の場になりました。

そして、一七〇〇年代になるとイギリスをはじめ、各国にチョコレート工場が建てられ、ようやくヨーロッパの庶民もカカオドリンクにありつけるようになったのです。でも、この頃のお味はたっぷり甘みがあるものの、口当たりはザラザラして表面にはカカオバターの脂分が浮いている、いまから考えると飲みにくい状態だったようです。

〝食べるチョコレート〟の誕生

私たちを魅了するチョコレートの味わいに近づいたのは、一九世紀のこと。チョコレートの四大革命といわれる革新的な技術が発明されたのです。

まず一八二八年に、オランダ人のヴァン・ホーテンがカカオマスからカカオバターを搾り取る機械を開発して、作りやすく飲みやすいココアパウダー、すなわちココアを作りました。

そして、一八四七年にはイギリスのフライ・アンド・サン社が、ココアパウダーと砂糖に搾り取ったカカオバターを再び加えることで、チョコレートを固める技術を生んだのです。これが現在の板チョコの始まりであり、〝食べるチョコレート〟の誕生となりました。

その後もスイス人が〝食べるチョコレート〟にコンデンスミルクを加え、固形のミルクチョコレートを作り、同じくスイス人がチョコレートを長時間かき混ぜるコンチェという機械を発明しました。これが現代でも口どけのよいなめらかなチョコレートを作るために欠かせない技術となっています。

ここから一九〇〇年代に入るとボンボンショコラが登場し、以来、時代を超えて美しくおいしいひと粒が人々の心を奪い続けているのです。

日本で最古のチョコレートの記録とは

日本で最初にチョコレートを食べたのは、一六一四年にメキシコ経由でスペインへと渡った伊達政宗の家臣ではないか、と推測されています。正式な外交使節団でしたから、現地でショコラトルを振る舞われたのかもしれません。

日本国内にチョコレートが伝わったのは江戸時代のよう。鎖国中に唯一外国との交易窓口だった長崎に残る「寄合町諸事書上控帳」という帳簿に、寛政九（一七九七）年三月、遊女がもらい受けた品目として「しょくらあと　六つ」という文字があり、これが日本でもっとも古いチョコレートの記録です。

同じ年に書かれた『長崎見聞録』という本にも「しょくらとを」の飲み方や味についての記述があるそうです。「しょくらあと」も「しょくらとを」も、船の輸入品目や幕府からの注文書に記録はなく、オランダから来ていた商館員が自分のために持ち込んだものと考えられています。数も少なく、長崎だけに知られた珍重品だったようです。

いまに続くチョコレート人気

時を経て、明治六（一八七三）年には岩倉具視が率いる使節団がヨーロッパに派遣されて、パリ郊外のチョコレート工場を訪れています。チョコレートやカカオの情報を調べて報告書にまとめ、日本に初めてチョコレートを紹介しました。

明治十一（一八七八）年には、東京・両国の米津風月堂が先陣を切って、輸入された原料チョコレートを加工して、販売しましたが、高価な舶来品はあまり広まりませんでした。ちなみに、当時チョコレートは「猪口令糖」「貯古齢糖」「知古辣他」など、漢字で表記されていたとか。まるで別のもののような印象ですね。

大正七（一九一八）年になると現在の森永製菓が、その八年後には明治製菓が外国から設備を購入し、カカオ豆から一貫して生産、販売まで行うチョコレート事業を始めました。これをきっかけに、チョコレートは次第に注目を浴びるようになります。戦時中はカカオ豆の輸入が止まって生産もストップしてしまいましたが、一九五〇年に再び生産されるようになって日本人の心をつかみ、いまのチョコレート人気へと続いています。

よその国のチョコレートの特徴は……

私がお菓子作りを学んだフランスでは、日本とは比べものにならない数のショコラトリーがあって、ショーケースには美しいボンボンショコラが並んでいました。フランスでは本書で紹介している「ミント」のように四角いものが中心で、センターにナッツやフルーツ風味、洋酒などを加えた多彩な味わいがそろっています。

ベルギーもチョコレート大国ですが、こちらは「カプチーノ」のように型を使ったものが多く、人気のセンターはプラリネ。ナッツ類をキャラメリゼしてすりつぶし、チョコレートと混ぜたものですが、ベルギーの人たちはボンボンショコラ全体のこともプラリネと呼んでいるので、少々ややこしくなっています。

イタリアには他の国と比べてショコラトリーが少なく、チョコレートはカフェで売られています。主流はイタリア発祥で、細かく砕いたヘーゼルナッツをたっぷり加えたジャンドゥーヤチョコレート。カラフルな紙に包まれ、エスプレッソのソーサーに添えられている光景が思い浮かびませんか？

最近はヨーロッパ以外でもショコラトリーを見かけるようになり、私も旅行に出かけると必ずチェック。その国ならではのお店を見つけたら、やはり味見せずにはいられません。

手土産にはチョコレートを

お宅を訪問するときの手土産として、最適なのがチョコレート。冷蔵庫を占領しがちな生菓子と違って、チョコレートは場所を取りません。日持ちもします。外出先で手渡す心ばかりの品としても、荷物を増やすことなく持ち帰ってもらえます。夏の暑い時期を除けば、チョコレートはもっとも喜ばれるお土産です。

渡すときには、生チョコレートなら「冷蔵庫に入れてください」と言い添え、ボンボンショコラの場合は「冷蔵庫に入れず、暖房の効いていない部屋に置いてください」とアドバイスを。冷蔵庫がチョコレートの保存によくないことは、あまり知られていません。ですので、手作りのものを差し上げるときは、生チョコレートとボンボンショコラをいっしょの箱に入れないほうが親切でしょう。

そして、相手の方への感謝の気持ちを伝えるために、箱やラッピングペーパーを使って素敵に、おいしそうに包みましょう。気温の低い季節限定ですが、もし宅配便で送るとしたら、持ち手の付いた紙袋に入れて〝こわれもの注意〟〝上下逆さま厳禁〟を指定します。ダンボール箱より紙袋のほうが、丁寧に扱ってくれるように感じています。

◆

チョコレートで美しく、健康に

古代から疲労回復などの薬効を持つと知られていたカカオ。現在では、その具体的な効果が明らかになってきています。まず、カカオには赤ワインをしのぐ量のポリフェノールが含まれていて、がんや動脈硬化などの病気を引き起こす活性酸素の働きを抑えます。同時に、ストレスへの抵抗力を高めてくれたり、アレルギーの予防、さらにはエイジングケアへの効果も期待できるそうです。

また、最近の研究ではあの甘い香りには、集中力や記憶力を高める効果があるという結果が出たほか、カカオ豆が含むテオブロミンという苦み成分は心を落ち着かせてくれます。そのほかカルシウム、マグネシウム、鉄、亜鉛などのミネラルを豊富に含み、食物繊維も多いので、女性にとってはうれしい美容食でもあるのです。カカオの木の学名は、ギリシャ語で「神様の食べ物」という意味を持ちますが、それも納得できるほどの健康効果が小さなひと粒、ひと粒に秘められているのです。

プチ贅沢
――私のごほうびチョコレート

ショコラトリーは、ショーウィンドウをのぞくだけで幸せを感じるもの。同時に、高級とはいえボンボンショコラ一個、二個なら、誰でもじっくり選んで買って帰ることもできるでしょう。手を伸ばせば届く憧れの場所。そんなショコラトリーの中で、私のお気に入りをご紹介します。

まずは日本のショコラティエの第一人者、土屋公二氏の「テオブロマ」。いつも尊敬と信頼をこめて、土屋さんのチョコレートを見つめています。ベルギーの「ピエール・マルコリーニ」、フランスの「ラ・メゾン・デュ・ショコラ」と「ジャン＝ポール・エヴァン」は、そのおいしさとともに、お店の空間そのものが非日常の世界のようで楽しくなります。東京・白金の「ショコラティエ・エリカ」はマシュマロ入りの「マ・ボンヌ」が好きです。ちょっとした贈り物にぴったり。ニューヨークが本店の「マリベル」。お味もさることながら、アートのような美しい絵が気に入っています。パティスリーですが、東京・千川の「エコール・クリオロ」は、私がお菓子作りを習った師匠のひとり、サントス・アントワーヌ氏のお店です。天才的な舌を持つ方で、食感を特に大切にしたお菓子作りを追求していて、チョコレートも他のお菓子もどれをとっても素晴らしいものばかりです。

洋菓子に魅せられて

終わりのない奥深さ

私が、自宅で現在の洋菓子教室「サロン ド マリー」をスタートしたのは二〇〇三年ですが、お菓子作りを教え始めたのはずっと前で、結婚後すぐに、夫の転勤によって名古屋で暮らしていたころ、二五年前のことです。ご近所の方にピアノを教えていたのですが、レッスンの後にお茶と手作りのケーキをお出ししたところ、おいしいと喜んでくださって「これも教えて」と頼まれたのがきっかけです。それまで、レシピ本を見て家族のために作る程度でしたから、教えるためには学ばなければと、レッスンに通い始めました。

それ以来、夫の転勤で何度も引っ越しをしましたが、ご縁があって人にお菓子作りを教え、私自身もこれまで計十か所の製菓学校に通って、お菓子作りを学んできました。学校ごとのさまざまな技術に触れ、その時々の味や形、種類といった流行を知るためです。「お菓子作りは科学」とは、尊敬する師匠であるサントス・アントワーヌ氏の言葉。正しい理論とおいしい配合を求めて研究を重ねていますが、日々発見があり、終わりのない奥深さがお菓子作りの楽しさであり、素晴らしさです。

おもてなしの喜びを味わって

私は来客の多い家庭で育ち、母が読んでいた『ミセス』という雑誌をめくっては、ホームパーティのシーンなどに胸をときめかせるような少女でした。紅茶やテーブルに興味を持ち始め、中学生になると憧れだったロイヤルドルトンのティーセットを一つずつそろえました。フォートナム・アンド・メイソンなどのおいしい紅茶をきちんと淹れて、ゆっくり味わうと心が豊かになるように感じたものです。

週末には母に出かけてもらい、自分は友人たちを家に招いてランチを作ってもてなしました。お料理はハンバーグなど簡単なものでしたが、テーブルにクロスをかけナイフとフォークを並べれば特別なごちそうになります。もちろん、食後には紅茶と手作りのお菓子も用意しました。美しいティーセットで紅茶を淹れると友人たちは瞳をキラキラと輝かせました。こうして私はおもてなしの喜びを知ったのです。「おいしい」と言ってもらえること、みんなの喜ぶ顔を見ることを嬉しく思う気持ちは今も変わりません。こうした少女時代の経験が原点となり、気がつけばお菓子とおもてなしの教室を開いていました。

チョコレートの魅力は〝つや〟

「サロン ド マリー」を始めて数年たった頃、やはり本場の洋菓子作りを学びたいと思い、短期間でしたがフランス・パリの製菓学校に通いました。その合間にパティスリーやショコラトリーを巡っていて、もっとも心を奪われたのがチョコレートです。日本にいても、美しいケーキを見る目は肥えていると思っていましたが、チョコレートの美しさはその比ではないと感じたのです。色や形で表現するお菓子に対して、チョコレートの魅力は〝つや〟。実は、この美しい〝つや〟を保っているチョコレートほど良い状態にあるのですが、それを知ったのはまた後のことです。

話がずれてしまいますが、フランスの製菓学校の生徒たちは、作ったお菓子を持ち帰っても食べきれないため、施設などに寄付します。ある時、学校の先生が、ショコラティエの第一人者ジャン＝ポール・エヴァンのお店に行くから、厨房のスタッフに差し入れをしようと、私が作ったお菓子を持っていってくれたのです。ショコラトリーにケーキの差し入れをするのも、お互いにとって情報収集のようです。プロとしてチョコレート作りの現場に携わるスタッフの方々に、私のお菓子を受け取ってもらえたことの感動は、今でも忘れることができない思い出のひとつです。

喜ぶ顔が見たいから

私が洋菓子のなかでもチョコレートに力を注ぐようになったのは、このパリ修業から戻ってきてから。いろいろな製菓学校へ行きましたが、チョコレートを扱うところは意外と少なく、どこも全レッスンの一割ほどでしょうか。お菓子を作る人をパティシエ、チョコレートを作る人をショコラティエと分けるほど、チョコレートは特別なものなのです。

きちんと手間をかければ、お店のようなチョコレートを作ることができます。そして手間がかかるからこそ、作り手にとってチョコレートが完成したときの感動は格別なのです。自分でそのひと粒を口に含むだけで幸福感に包まれるでしょう。

さらに、そのチョコレートを贈り、ティータイムに出したとき、相手の方の喜ぶ顔が見られることで幸せを感じられるのですから、私にとってはかけがえのない宝物。この喜びを、少しでも多くの方にお伝えできればいいと願っています。◆

「サロン ド マリー」へようこそ

1

2

3

4

撮影＝西川心（KOKOROメソッド）

私が自宅で開いている洋菓子教室「サロン　ド　マリー」をご紹介します。

旬の食材を使った洋菓子のレッスンが基本です。少人数で雰囲気はいつもなごやか。レッスンにはランチ付きのコースがあり、簡単なコース仕立てのランチは私の手製です。専門的に学びたい方向けのディプロマコース、おもてなしレッスンなども行っています。

1 この日は、おもてなしレッスン
2 ウエルカムドリンクとともに、レッスン開始
3 いちごのデザートとずわいがにのサラダ仕立て
4 デザート作りのデモンストレーションが終わると、楽しみにしていただいているランチ開始
5 いちごのデザートの作り方をレッスン
6 ランチのためのテーブルセッティング

サロン ド マリー

http://www1.tmtv.ne.jp/~salon-m/
http://ameblo.jp/mariecake/
神奈川県横浜市都筑区
☎ 045-943-9300
mail : marie-cake@tmtv.ne.jp

おわりに

お食事は体の栄養、お菓子は心の栄養……、とよくいわれます。お菓子は心にゆとりがあるときに作るもの。なかでもチョコレートは、よい材料をそろえて、分量や温度をきちんと量って、手間をかけて作ります。できあがった小さいボンボンショコラはつやがあって、口に入れるとやさしく溶け、食べる人、作った人の心をじんわりと満たしてくれます。まさしくチョコレートは心の栄養です。

お菓子とおもてなしの教室を開き、好きなことを仕事にできている幸せを、少しでも多くの方におすそ分けしたい――。こうして本を出版することは、その願いに向けての大きな一歩となります。実は、出版の機会をいただいたのも、お菓子を通じた出会いが発端となったのです。お菓子は人を幸せな気持ちにしてくれること、そして、たくさんのご縁を運んでくれることを、改めて実感しました。

今回の出版に際しては、清流出版の松原淑子さん、和やかな雰囲気作りのムードメーカーとなった編集の宮下二葉さん、素晴らしい写真を撮ってくださった中川真理子さん、素敵に仕上げてくださったデザイナーの深山典子さん、「サロンドマリー」のレッスン風景を撮ってくださった西川心さん、撮影時の小物に協力してくださった根来雪絵さん、村杉薫さん、まきのゆきさん、いつも陰となって支えてくれるアシスタントの神谷愛さん、そして心の支えとなってくれた家族に感謝を捧げたいと思います。

二〇一四年九月

横井満里代

横井 満里代

Yokoi Mariyo

神奈川県横浜市生まれ。学習院女子短期大学卒業後、出光興産秘書室勤務。結婚退職後、本格的に洋菓子の勉強を始める。日本菓子専門学校、加藤千恵洋菓子教室、フランスのエコール リッツ エスコフィエ、エコール・クリオロなどで学ぶ。カルチャースクールでおもてなし講座、各企業にておもてなし及びサロン開業についての講演、講座を多数行っている。クラシックコンサート&パーティなど、パーティプロデュースも手がける。製菓衛生士、ティーコーディネーター、フードコーディネーター、スイーツラッピングコーディネーター。洋菓子教室「サロンド マリー」代表。

【参考】
土屋公二『Chocolat et Cacao—テオブロマ 土屋公二のチョコレート』(ネコ・パブリッシング)
日本チョコレート・ココア協会ホームページ
http://www.chocolate-cocoa.com

アシスタント●神谷 愛
カルトナージュ●根来雪絵(cocohouse主宰)
チャイナペインティング●村杉 薫(鎌倉山Natural Tone主宰)
木の実とスパイスのアレンジ●まきの ゆまき(Pure Bloom主宰)

撮影●中川真理子
ブックデザイン●深山典子
編集協力●宮下二葉

作りたくなる、贈りたくなる
幸せショコラレシピ

2014年11月4日［初版第1刷発行］

著　者　横井満里代

発行者　藤木健太郎
発行所　清流出版株式会社
東京都千代田区神田神保町3-7-1
〒101-0051
電話　03-3288-5405
振替　00130-0-770500
〈編集担当〉松原淑子
http://www.seiryupub.co.jp/
印刷・製本　大日本印刷株式会社

乱丁・落丁本はお取替えします。
ISBN 978-4-86029-423-6